Zum Abschied

Will das Glück nach seinem Sinn
Dir was Gutes schenken,
Sage Dank und nimm es hin
Ohne viel Bedenken.

Jede Gabe sei begrüßt,
Doch vor allen Dingen:
Das, worum du dich bemühst,
Möge dir gelingen.

(Wilhelm Busch)

Rainer Haak · Für dich – weil ich dir Glück wünsche

Rainer Haak

Für dich – weil ich dir Glück wünsche

SKV-EDITION

Bibliografische Information Der Deutschen Bibliothek
Die Deutsche Bibliothek verzeichnet diese Publikation in der Deutschen Nationalbibliografie; detaillierte bibliografische Daten sind im Internet über http://dnb.ddb.de abrufbar.

Für dich ... 93957 · ISBN 3-8256-3957-6
17. Auflage 2006

Gesamtherstellung:
St.-Johannis-Druckerei, Lahr/Schwarzwald
Printed in Germany 111041/2006

Für dich – weil ich dir Glück wünsche

Wenn wir einem Menschen Glück wünschen, dann denken wir dabei nicht zuerst an einen Lottogewinn. Wir wünschen ihm vielmehr, daß er glücklich ist – und das bedeutet eine völlig andere Lebensqualität, als viel Geld und Besitz zu haben. Augenblicke des Glücks sind Nahrung für die Seele. Sie machen Mut und ermuntern, den Lebensweg an jedem neuen Tag gern weiterzugehen.
Dieses kleine Buch will auf vielfältige Weise Glück wünschen.

Ich wünsche dir…

…daß du dich darüber freuen kannst, wenn auch einmal andere im Mittelpunkt stehen und Beachtung oder Lob erfahren. Beides brauchst du: vorne zu stehen und hinten, verantwortlich zu sein und einfach zuzuschauen, wichtig zu sein und auch einmal unwichtig. Beides brauchst du, und beides brauchen deine Mitmenschen.
Das Glück ist nicht nur an einem Ort zu finden.

Ich wünsche dir…

…daß du deine persönlichen Begabungen und Fähigkeiten entdeckst und weiterentwickelst. Wie in jedem Menschen, so schlummern auch in dir mehr Möglichkeiten, als du dir vorstellen kannst. Deine Talente zu »befreien« und an ihnen zu arbeiten, das kann sehr anstrengend sein. Du mußt dafür sicher auf anderes verzichten. Aber das Ergebnis lohnt die Mühe.

Glück kann bedeuten, dankbar auf eine Zeit voller Anstrengung zurückzublicken.

Ich wünsche dir…

…daß du immer wieder neue Ideen hast und auch unkonventionelle Gedanken zuläßt, daß dich frischer Wind umweht und du nie aufhörst, dich weiterzuentwickeln. Ich wünsche dir, daß du im Herzen jung bleibst und neugierig auf das Leben.
Das Glück ist niemals abgestanden, sondern immer klar und frisch.

Ich wünsche dir…

…daß du ab und zu die Gelegenheit findest zu träumen und zu faulenzen, daß du dich ins Gras legst und in die Sonne blinzelst, daß du den Augenblick zu genießen weißt. Ich hoffe, daß du Zeit findest und Phantasie aufwendest, um dir das Leben schön zu machen und dich wohl zu fühlen.
Wer glücklich sein will, muß sich auch die Zeit dafür nehmen.

Ich wünsche dir…

…daß du dich mit der Natur zutiefst verbunden weißt, daß du sie liebst und immer besser kennenlernst, daß du bereit bist, sie vor ihren Feinden zu schützen. Begegne ihr mit Respekt, genieße ihren Anblick, und atme tief ein. Sei dankbar für alle guten Gaben der Natur.

Es wird dir nicht gelingen, das Glück in deiner Wohnung oder im Büro einzusperren.

Ich wünsche dir...

...daß du darauf vertraust, daß es in allen Schwierigkeiten und aus jedem Problem einen Ausweg gibt. Manchmal sieht der Ausweg wohl anders aus, als du es dir wünschen würdest. Aber der Weg geht weiter, und auf jedem neuen Weg gibt es zahllose Lebensmöglichkeiten für dich.
Glücklich ist, wer dem Leben vertrauen kann.

Ich wünsche dir...
...daß es öfter in deinem Leben Dinge gibt, denen du dich völlig hingeben kannst, daß du einer Beschäftigung mit Begeisterung nachgehst, daß du mit ganzem Herzen arbeitest, feierst oder Musik hörst. Ich wünsche dir, daß du dich völlig in ein interessantes Bild vertiefen oder auf ein gutes Gespräch konzentrieren kannst.
Das Glück sucht den ganzen Menschen.

Ich wünsche dir…

…daß du stark und konsequent sein kannst, aber auch sensibel und rücksichtsvoll, daß du fest verwurzelt bist, aber auch frei und offen, daß du das Bewährte schätzt, aber trotzdem nach Wegen suchst, wie Leben auch anders gelingen kann. Ich wünsche dir Standfestigkeit und Beweglichkeit.

Glücklich ist, wer nicht immer versuchen muß, stark zu sein.

Ich wünsche dir...

...daß du gern weitergehst, auch wenn du nicht weißt, was dich auf deinem Weg erwartet, daß du Überraschungen liebst und dich auf Neues freust, daß du Vertrauen in die Zukunft hast und ein Liebhaber des Lebens bist. Der Weg geht weiter – und es ist wichtig, daß du deinen persönlichen Weg findest und gehst.
Das Glück findest du auf deinem Weg.

Ich wünsche dir…

…einen Glauben, der Leben fördert und nicht zerstört, der Orientierung schenkt auch in dunklen, schweren Zeiten, der dir eine Richtung weist, wenn du hilflos umherschaust, und der dir einen Weg zeigt, der zum Leben führt.

Glücklich ist, wer die Erfahrung machen kann, daß sein Glaube nicht Angst macht, sondern Vertrauen ins Leben schenkt.

Ich wünsche dir…

…daß du die kostbaren Augenblicke des Glücks in deinem Leben nicht achtlos verstreichen läßt, sondern sie zu leben und zu genießen weißt. Ich wünsche dir, daß du dich vom Glück immer wieder überraschen und beschenken läßt und jedes Glücksgeschenk dankbar annimmst. Ich wünsche dir, daß du auch bereit bist, dem Glück entgegenzugehen und es herauszulocken.

Das Glück will gefunden und gelebt werden.

Ich wünsche dir ...

... daß du nicht vergebens ein Leben lang auf das große Glück wartest und dabei das kleine Glück übersiehst – dieses kleine Glück, das dir täglich und auf vielfältige Weise begegnen kann. Verachte es nicht! Denn die Fähigkeiten, das kleine Glück zu sehen und anzunehmen, entscheidet darüber, ob du ein glücklicher Mensch bist oder nicht.

Nicht das große Glück einmal im Leben macht glücklich, sondern das tägliche kleine Glück.

Ich wünsche dir…

…daß du dich auch als erwachsener Mensch noch wie ein Kind freuen kannst, daß du fröhlich und begeistert spielen kannst und die Zeit vergessen, daß du manchmal spontan bist und nicht alles im Leben ganz genau vorherplanen mußt. Ich wünsche dir, daß du auch einmal eine schrecklich wichtige Aufgabe warten läßt, weil du spürst, daß das Glück dich ruft.

Wer Kinder kennt und liebt, versteht mehr vom Glück als die anderen.

Ich wünsche dir…
…daß du immer weißt, wo du hingehörst und zu Hause bist, daß du dich zurückziehen kannst und Geborgenheit findest, daß du das Erlebte verarbeitest und deinen gewohnten Rhythmus wiederfindest. Doch dann wünsche ich dir, daß du wieder aufstehst und bereit bist aufzubrechen, daß du hinausgehst in den Wind und Regen, daß du Neues erlebst und der Veränderung standhältst.
Das Glück braucht beides – den warmen Ofen und die Stürme des Lebens.

Ich wünsche dir...

...daß du stets das erhältst, was du für dein Leben brauchst und was du verkraften kannst. Ich wünsche dir, daß du niemals von Dingen abhängig wirst und immer mehr haben willst, daß du deinen Besitz nicht verstecken und immer neu absichern mußt, daß du nicht immer mehr arbeitest, um dir immer mehr leisten zu können. Ich wünsche dir weniger Sorgen und mehr wirkliches Leben.
Zuviel macht nicht glücklich.

Ich wünsche dir…

…daß du immer wieder einmal deine Bequemlichkeit überwindest, daß du aufhörst, nur an deine Sicherheit zu denken, sondern das Leben wagst und dich ganz darauf einläßt, auch wenn es Überwindung kostet und Anstrengung. Ich wünsche dir, daß du nicht nur zuschaust, wie andere leben, sondern dein Leben selbst zu einem Abenteuer werden läßt.

Trägheit ist ein Feind des Glücks.

Ich wünsche dir…

…daß du vor deinen Krisen nicht die Augen verschließt, sondern sie als Rufe des Lebens sehen kannst, umzukehren oder etwas Wichtiges zu ändern. Krisen wollen dich davor warnen, weiter vor dem Leben wegzulaufen. Sie wollen dir zeigen, daß du dein Glück verspielst, wenn du weitermachst wie bisher.

Krisen wollen dir helfen, wieder glücklich zu werden.

Ich wünsche dir...

...daß du Augen hast für das Schöne, das sonst so oft übersehen wird, für die kleinen und großen Überraschungen zwischendurch, für außergewöhnliche Menschen und besondere Ereignisse. Für die wichtigsten Dinge im Leben wird keine Werbung gemacht! Ich wünsche dir, daß du die kostbarsten Augenblicke deines Lebens nicht achtlos verstreichen läßt, und daß du die Möglichkeiten wahrnimmst, etwas Gutes für dich oder für deine Mitmenschen zu tun.

Ich wünsche dir…
…daß du dem Glück keine Vorbedingungen stellst: Erst muß einmal die Sonne scheinen, du mußt die schwere Prüfung bestanden haben, du mußt mehr Geld verdienen, eine wichtige Entscheidung gefällt haben oder wieder ganz gesund sein.
Ich wünsche dir, daß du gerade auch in schweren Zeiten immer wieder Augenblicke des Glücks erlebst.
Glück ist in jeder Lebenssituation möglich.

Ich wünsche dir...

...daß du dem Leben freudig entgegenläufst, statt passiv darauf zu warten, daß es endlich auch einmal zu dir kommt. Leben will gelebt werden. Du darfst darauf vertrauen, daß es noch viel mit dir vorhat. Ich wünsche dir, daß du die Verantwortung für dein Leben und dein Glück selbst übernimmst, statt sie auf andere oder die Umstände zu schieben.

Das Glück wartet auf deine Bereitschaft, glücklich zu sein.

Ich wünsche dir...
...daß du das Glück stets da findest, wo du gerade bist – im Gespräch, bei der Arbeit, im Urlaub, beim Essen, auf einem Spaziergang, auf einem Fest, beim Einkaufen, im Gottesdienst, beim Betrachten der alten Fotos, beim Renovieren, beim Brotbacken, im Garten oder auf dem Hauptbahnhof.
Ich wünsche dir, daß für dich das Glück etwas mit dem Geruch und Geschmack des Lebens zu tun hat.

Informationen über Bücher und Veranstaltungen von Rainer Haak erhalten Sie im Internet unter:
www.rainerhaak.de

Bildnachweis: Umschlagbild: B. zur Bonsen; S. 7: W. Dieterich; S. 9 links u. rechts: W. Rauch; S. 10: C. Palma; S. 11: J. Vogt; S. 13: A. Timmermann; S. 15 links: C. Palma; S. 15 rechts: B. Schellhammer; S. 16: N. Kustos; S. 17: K. Radtke; S. 19: W. Rauch; S. 21 links: W. Rauch; S. 21 rechts: K. Radtke; S. 22: C. Palma; S. 23: Bildarchiv Bertrand; S. 25: K. Kertscher; S. 27 links: C. Palma; S. 27 rechts: H. Dietz; S. 28: C. Palma; S. 29: K. Radtke; S. 31: K. Radtke; S. 33 links: W. Rauch; S. 33 rechts: J. den Besten; S. 34: W. Rauch; S. 35: K. Radtke; S. 37: Sittig; S. 39 links. M. Will; S. 39 rechts: H. Dietz; S. 40: M. Zimmermann; S. 41: Bildarchiv Bertrand; S. 43: W. Rauch;